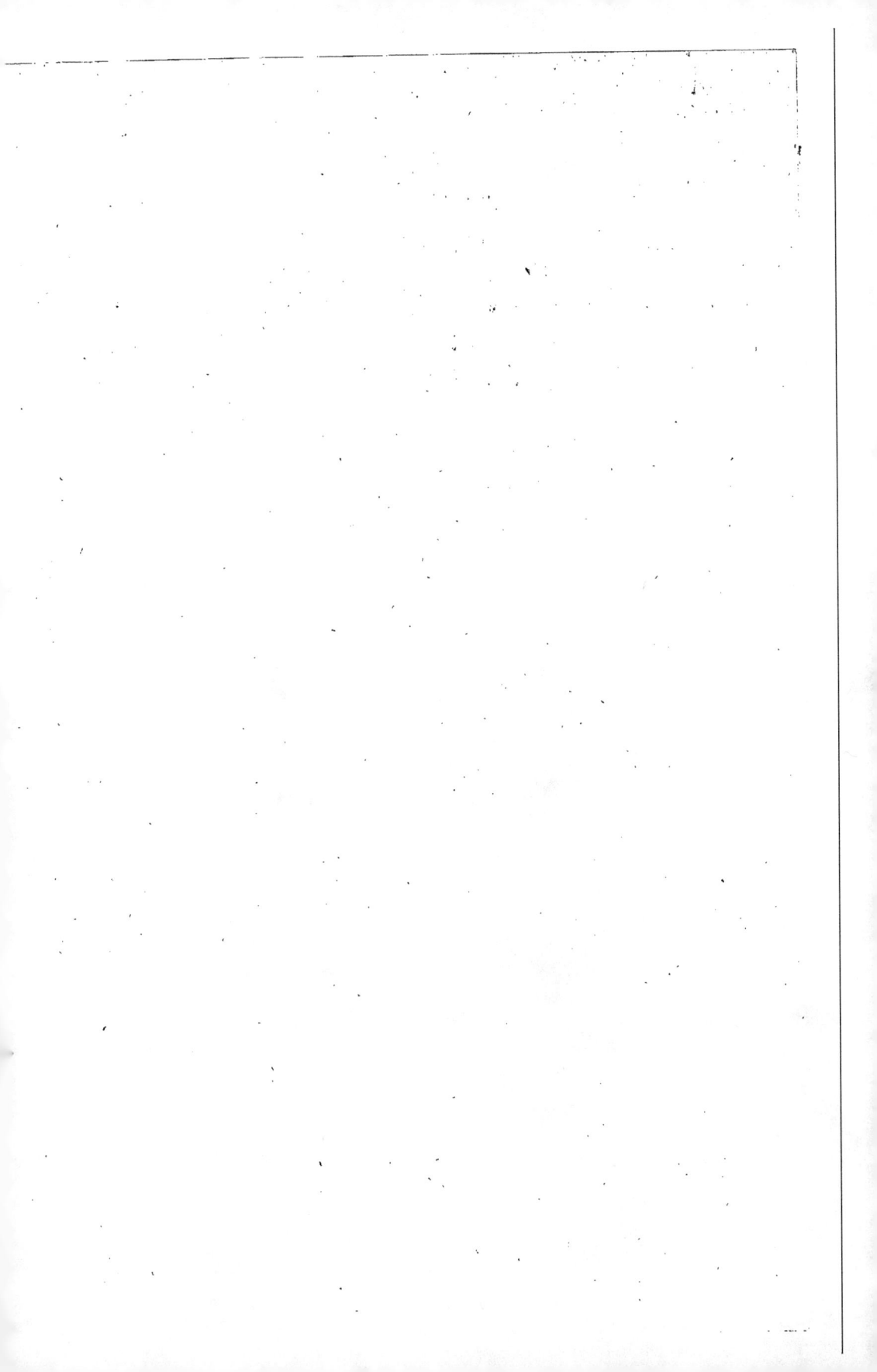

F

(c.)

TABLEAUX

JUDICIAIRES ET ADMINISTRATIFS,

POUR LE SERVICE DE L'AUDIENCE,

LA CONFECTION DES DISTRIBUTIONS ET ORDRES,

ET

l'accomplissement des opérations électorales et du recrutement,

PAR

Antoine-Gaspard BELLIN,

DOCTEUR EN DROIT, JUGE SUPPLÉANT AU TRIBUNAL CIVIL DE LYON,

Troisième Cahier.

PARIS,

IMPRIMERIE ADMINISTRATIVE DE PAUL DUPONT.

Rue de Grenelle-Saint-Honoré, 45.

1852

TABLEAUX

JUDICIAIRES ET ADMINISTRATIFS,

POUR LE SERVICE DE L'AUDIENCE,

LA CONFECTION DES DISTRIBUTIONS ET ORDRES,

ET

l'accomplissement des opérations électorales et du recrutement,

PAR

Antoine-Gaspard BELLIN,

DOCTEUR EN DROIT, JUGE SUPPLÉANT AU TRIBUNAL CIVIL DE LYON,

PARIS,

IMPRIMERIE ADMINISTRATIVE DE PAUL DUPONT,

Rue de Grenelle-Saint-Honoré, 45.

1852

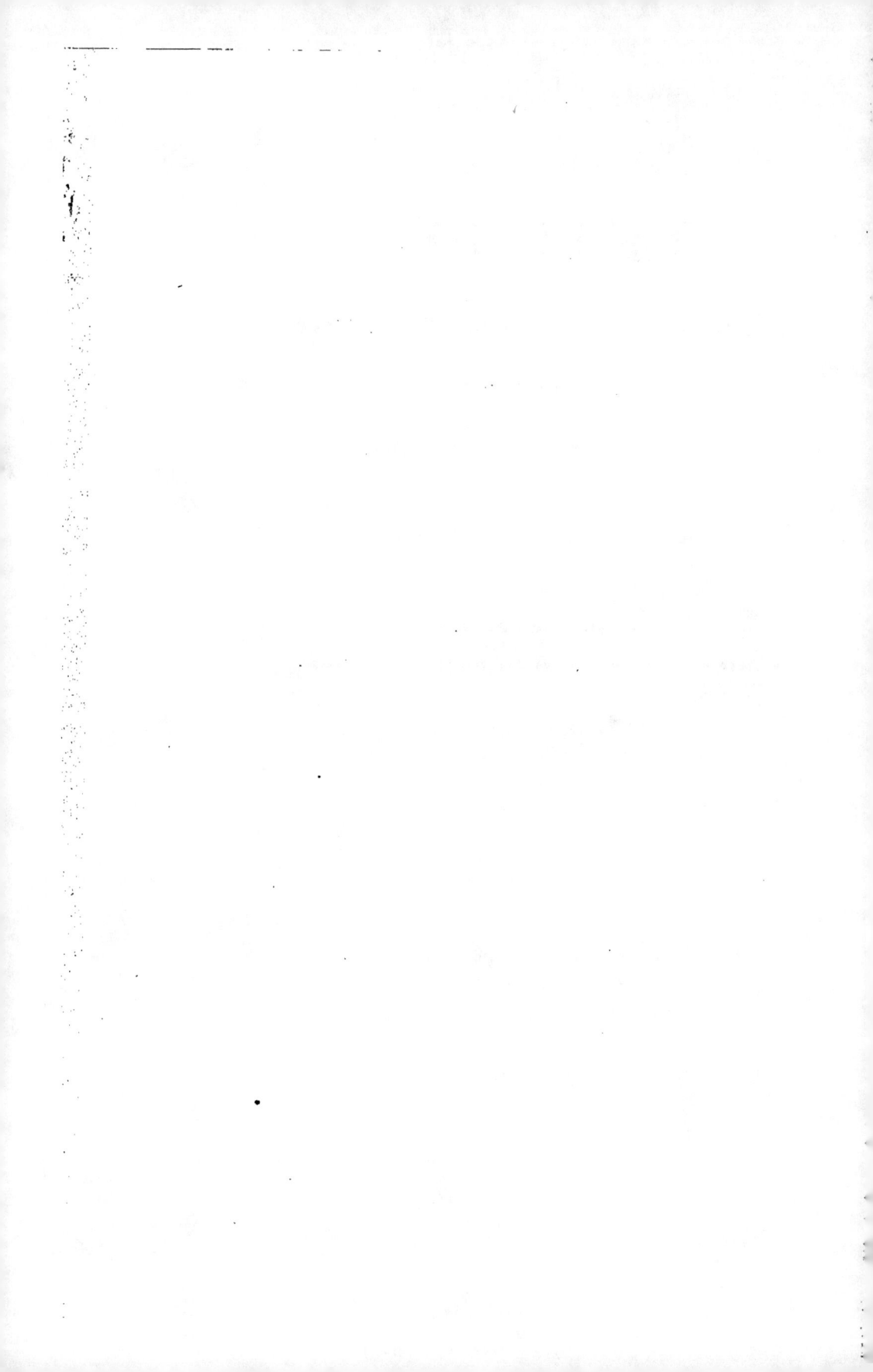

TABLEAUX ADMINISTRATIFS.

TABLEAU I.

RECRUTEMENT.

Examen des tableaux et tirage au sort.

Le bureau étant composé du préfet (sous-préfet ou con-seiller de préfecture délégué), assisté du maire et de ses adjoints, ou des maires du canton (art. 10, § 1, loi du 21 mars 1832),

Ordonner la lecture, par le secrétaire, du tableau de recensement (art. *idem*, § 2 .

Entendre, au fur et à mesure de l'appel des noms, les jeunes gens, leurs parents ou ayant cause, dans leurs ob-servations (*ibid.*).

Statuer sur ces observations, après avoir pris l'avis des maires (*ibid.*).

Signer et faire signer le tableau définitivement arrêté (*ibid.*).

Indiquer, par le sort, l'ordre dans lequel les communes seront appelées pour le tirage (art. 10, loi du 21 mars 1832, § 3).

Inscrire, en tête de la liste du tirage, les jeunes gens condamnés comme auteurs ou complices de fraudes ou manœuvres, par suite desquelles un jeune homme aura été omis sur les tableaux de recensement (art. 11, § 1er, *ibid.*).

Extraire, avant l'opération du tirage, les premiers numéros de l'urne, pour les leur attribuer (art. *idem*, § 2).

Vérification faite, déclarer, à haute voix, que le nombre des numéros déposés dans l'urne est égal à celui des jeunes gens appelés à concourir au tirage (art. 12, § 1er, *ibid.*).

Faire l'appel de chacun des jeunes gens successivement, dans l'ordre du tableau, et proclamer et inscrire le numéro qu'il a pris dans l'urne, ou qu'y a pris celui qui a tiré pour lui (art. *idem*, § 2).

Dresser la liste, par ordre de numéros, au fur et à mesure du tirage, en y faisant mention des cas et des motifs d'exemption ou de déduction, que les jeunes gens ou leurs parents, ou les maires des communes, se proposent de faire valoir devant le conseil de révision (art. *idem*, § 4).

Lire, arrêter et signer la liste du tirage et l'annexer, avec le tableau de recensement, au procès-verbal des opérations (art. *idem*, § 5).

La faire publier et afficher dans chaque commune du canton (*ibid.*).

Conseil de révision.

Composé du préfet (ou du conseiller de préfecture

désigné par lui), d'un conseiller de préfecture, d'un membre du conseil général du département, d'un membre du conseil d'arrondissement, d'un officier général ou supérieur désigné par le président de la République, d'un membre de l'intendance militaire et du sous-préfet, s'il y a lieu (art. 15, §§ 1-9, loi du 21 mars 1832).

Statuer sur les exemptions :

1° Les jeunes gens qui n'ont pas la taille de 1 mètre 56 centimètres ;

2° Ceux que leurs infirmités rendent impropres au service ;

3° L'aîné d'orphelins de père et de mère, ou le puîné, si l'aîné est aveugle ou impotent ; .

4° Le fils unique ou l'aîné des fils, ou, à défaut de fils ou de gendre, le petit-fils unique ou l'aîné des petits-fils d'une femme actuellement veuve, ou d'un père aveugle ou entré dans sa soixante et dixième année, ou le puîné, si l'aîné est aveugle ou impotent ;

5° Le plus âgé des deux frères appelés à faire partie du même tirage, et désignés tous deux par le sort, si le plus jeune est reconnu propre au service ;

6° Celui dont un frère sera sous les drapeaux, à tout autre titre que pour remplacement ;

7° Celui dont un frère sera mort en activité de service, ou aura été réformé ou admis à la retraite pour blessures reçues dans un service commandé, ou infirmités contractées dans les armées de terre ou de mer (art. 13, § 1er, *ibid.*);

Exemptions.

Sur les déductions :

1° Ceux qui sont déjà liés au service dans les armées de terre ou de mer ;

Déductions.

Déductions *(suite).*

2° Les jeunes marins portés sur les registres matricules de l'inscription maritime;

3° Les élèves de l'école polytechnique;

4° Les membres de l'instruction publique, les élèves de l'école normale centrale de Paris, ceux de l'école dite de *jeunes de langues,* les professeurs des institutions nationales des sourds-muets;

5° Les élèves des grands séminaires et les jeunes gens autorisés à continuer leurs études, pour se vouer au ministère dans les autres cultes salariés par l'État;

6° Les jeunes gens qui auront remporté les grands prix de l'Institut ou de l'Université (art. 14, § 1er, loi du 21 mars 1832);

Substitutions.

Sur les substitutions de numéros et les demandes de remplacement (art. 17, *ibid.*).

Arrêter définitivement la liste du contingent de chaque canton et la signer (art. 28, § 1er, *ibid.*).

Proclamer les noms inscrits (*ibid.*).

Déclarer que les jeunes gens qui ne sont pas inscrits sur cette liste sont définitivement libérés (art. *idem,* § 3).

Faire publier et afficher cette déclaration, avec l'indication du dernier numéro compris au contingent cantonal, dans chaque commune du canton (*ibid.*).

TABLEAU II.

ÉLECTIONS POLITIQUES.

(1re SECTION OU COMMUNE FORMANT A ELLE SEULE UNE SECTION UNIQUE).

1er *Jour.*

Formation du bureau, composé du maire, président, à défaut l'un de ses adjoints ou des conseillers municipaux, ou un électeur désigné par le maire (art. 13, décret réglementaire du 2 février 1852). — Assesseurs, conseillers municipaux sachant lire et écrire, suivant l'ordre du tableau ;—A leur défaut, les deux plus âgés et les deux plus jeunes électeurs présents sachant lire et écrire (art. 14, *ibid.*) ; — Secrétaire désigné par le bureau parmi les électeurs (art. 12, § 1, *ibid.*).

Faire apporter une copie officielle de la liste des électeurs, contenant les noms, domicile et qualification de chacun des inscrits, et la faire déposer sur la table du bureau, sur laquelle elle doit rester pendant toute la durée des opérations électorales (art. 17, *ibid.*).

Fermer la boîte du scrutin et déposer les clefs, l'une entre les mains du président, l'autre entre celles du scrutateur le plus âgé (art. 22, § 2, *ibid.*).

Le scrutin doit rester ouvert de huit heures du matin à six heures du soir, le premier jour (art. 25, *ibid.*).

Appel des électeurs successivement par ordre alphabétique (art. 21, § 1, décret réglementaire du 2 février 1852.

Recevoir et déposer dans la boîte du scrutin le bulletin, préparé en dehors de l'assemblée, sur papier blanc,
présenté fermé par chaque électeur, et sans signes extérieurs (art. 21, §§ 2 et 3, et 22, *ibid.*), et signer ou parafer
sur la liste, en marge du nom du votant (art. 23, *ibid.*).

Ordonner le réappel de tous ceux qui n'ont pas voté
(art. 24, *ibid.*).

Après six heures du soir sonnées, sceller les boîtes du
scrutin et les déposer au secrétariat ou dans la salle de
la mairie (art. 26, § 1, *ibid.*).

Apposer les scellés sur les ouvertures de la salle où les
boîtes ont été déposées (art. *idem*, § 2).

2ᵉ *Jour.*

Le scrutin doit rester ouvert de huit heures du matin à
quatre heures du soir (art. 25, décret réglementaire du
2 février 1852).

Après quatre heures du soir sonnées, déclarer le scrutin
clos et avertir qu'on va procéder au dépouillement (art. 27,
§ 1, *ibid.*).

Ouvrir la boîte du scrutin et vérifier le nombre des
bulletins (*ibid.*).

Si ce nombre est plus grand ou moindre que celui des
votants, en faire mention au procès-verbal (art. *idem*, § 2).

Désigner, parmi les électeurs présents, un certain nombre de scrutateurs sachant lire et écrire, lesquels se divisent par tables de quatre au moins (art. *idem*, § 3).

Répartir entre les diverses tables les bulletins à vérifier
(art. *idem*, § 4).

S'il y a eu moins de 300 votants, l'intervention des scrutateurs supplémentaires est facultative (art. 28, § 2, *ibid.*)

A chaque table, lire chaque bulletin à haute voix et le passer à un autre scrutateur, et relever sur des listes les noms portés sur les bulletins (art. 27, § 5, *ibid.*).

Rendre public le résultat du scrutin et brûler les bulletins non litigieux, en présence des électeurs (art. 31, *ibid.*).

Rédiger en double le procès-verbal des opérations, déposer l'un de ces doubles au secrétariat de la mairie et transmettre l'autre au sous-préfet de l'arrondissement (art. 33, *ibid.*).

SECTION SECONDAIRE.

1er *Jour.*

Formation du bureau, composé de l'un des adjoints au maire; à défaut, l'un des conseillers municipaux ou un électeur désigné par le maire (art. 13, décret réglementaire du 2 février 1852). — Assesseurs, conseillers municipaux, sachant lire et écrire, suivant l'ordre du tableau; —A leur défaut, les deux plus âgés et les deux plus jeunes électeurs présents sachant lire et écrire (art. 14, *ibid.*) — Secrétaire désigné par le bureau parmi les électeurs (art. 12, § 1, *ibid.*).

Faire apporter une copie officielle de la liste des électeurs, contenant les noms, domicile et qualification de chacun des inscrits, et la faire déposer sur la table du bureau, sur laquelle elle doit rester pendant toute la durée des opérations électorales (art. 17, *ibid.*).

Fermer la boîte du scrutin et déposer les clefs, l'une entre les mains du président, l'autre entre celles du scrutateur le plus âgé (art. 22, § 2, décret réglementaire du 2 février 1852).

Le scrutin doit rester ouvert de huit heures du matin à six heures du soir, le premier jour (art. 25, *ibid.*).

Appel des électeurs successivement par ordre alphabétique (art. 21, § 1, *ibid.*).

Recevoir et déposer, dans la boîte du scrutin, le bulletin préparé en dehors de l'assemblée, sur papier blanc et sans signes extérieurs, présenté fermé par chaque électeur (art. 21, §§ 2 et 3, et 22, *ibid.*), et signer ou parafer sur la liste, en marge du nom du votant (art. 23, *ibid.*)

Ordonner le réappel de tous ceux qui n'ont pas voté (art. 24, *ibid.*).

Après six heures du soir sonnées, sceller les boîtes du scrutin et les déposer au secrétariat ou dans la salle de la mairie (art. 26, § 1er, *ibid.*).

Apposer les scellés sur les ouvertures de la salle où les boîtes ont été déposées (art. *idem*, § 2).

2e *Jour.*

Le scrutin doit rester ouvert de huit heures du matin à quatre heures du soir (art. 25, décret réglementaire du 2 février 1852).

Après quatre heures du soir sonnées, déclarer le scrutin clos et avertir qu'on va procéder au dépouillement (art. 27, § 1er, *ibid.*).

Ouvrir la boîte du scrutin et vérifier le nombre des bulletins (*ibid.*).

Si ce nombre est plus grand ou moindre que celui des votants, en faire mention au procès-verbal (art. *idem*, § 2).

Désigner, parmi les électeurs présents, un certain nombre de scrutateurs sachant lire et écrire, lesquels se divisent par tables de quatre au moins (art. *idem*, § 3).

Répartir entre les diverses tables les bulletins à vérifier (art. *idem*, § 4).

A chaque table, lire chaque bulletin à haute voix et le passer à un autre scrutateur, et relever sur des listes les noms portés sur les bulletins (art. *idem*, § 5).

S'il y a eu moins de 300 votants, l'intervention des scrutateurs supplémentaires est facultative (art. 28, § 2, *ibid.*).

Rendre public le résultat du scrutin et brûler les bulletins non litigieux, en présence des électeurs (art. 31, *ibid.*).

Arrêter et signer le résultat du scrutin (art. 32, *ibid.*).

Le porter au bureau de la première section, qui, en présence des présidents des autres sections, opère le recensement général des votes et en proclame le résultat (art. *idem*).

TABLEAU III.

ELECTIONS AU CONSEIL GÉNÉRAL, AU CONSEIL D'ARRONDISSEMENT ET AU CONSEIL MUNICIPAL.

Comme au tableau ci-dessus, avec ces modifications que, pour l'élection au conseil général et au conseil d'arrondissement, le résultat du scrutin doit être porté au bureau de la première section du chef-lieu de canton, qui fait le recensement général des votes et en proclame le résultat (art. 3, § 6, loi du 7 juillet 1852);

Que, dans toutes ces élections, nul n'est élu au premier tour de scrutin, s'il ne réunit : 1° la majorité absolue des suffrages ; 2° un nombre de voix égal au moins au quart de celui des électeurs inscrits (art. 4, § 1, *ibid.*).

Au second tour, l'élection a lieu à la majorité relative, quel que soit le nombre des votants (art. *id.*, § 2).

N. B. Dans les communes dont la population est inférieure à 2,500 âmes, le scrutin ne doit durer qu'un jour (art. 3, § 5, *ibid.*).

ÉLECTIONS AU TRIBUNAL DE COMMERCE.

Formation du bureau provisoire, composé du doyen d'âge, président; des trois plus âgés, après lui, scrutateurs, et du plus jeune, secrétaire (§ 1er, ch. IV, loi du 6 germinal an VI).

Formation du bureau définitif (§ **2**, ch. IV, *ibid.*).

Appel des électeurs successivement par ordre alphabétique.

Recevoir et déposer dans la boîte du scrutin le bulletin, présenté fermé par chaque électeur.

Ordonner le réappel de tous ceux qui n'ont pas voté.

Election du président, au scrutin individuel et à la pluralité absolue des suffrages (§ **2**, ch. IV, loi du **6** germinal an VI).

Election du secrétaire de la même manière (*ibid.*).

Election des trois scrutateurs en un seul scrutin de liste (*ibid.*).

Chacun de ces scrutins doit rester ouvert trois heures au moins.

Election du président du tribunal de commerce, à la pluralité absolue des suffrages et au scrutin individuel (art. **621**, Code de commerce).

Annoncer l'objet spécial de cette élection avant d'aller au scrutin (*ibid.*).

Appel des électeurs successivement par ordre alphabétique.

Recevoir et déposer dans la boîte du scrutin le bulletin présenté fermé par chaque électeur.

Ordonner le réappel de tous ceux qui n'ont pas voté.

Le scrutin doit rester ouvert pendant trois heures au moins.

Déclarer le scrutin clos, et avertir qu'on va procéder au dépouillement.

Ouvrir la boîte du scrutin et vérifier le nombre des bulletins.

Si ce nombre est plus grand ou moindre que celui des votants, en faire mention au procès-verbal.

Election des juges, au scrutin individuel et à la pluralité absolue des suffrages (art. 621, Code de commerce).

Chacun de ces scrutins individuels, qui ont lieu simultanément, doit rester ouvert pendant trois heures au moins.

Déclarer le scrutin clos, et avertir qu'on va procéder au dépouillement.

Ouvrir la boîte du scrutin et vérifier le nombre des bulletins.

Si ce nombre est plus grand ou moindre que celui des votants, en faire mention au procès-verbal.

Election des suppléants dans la même forme (art. 621, Code de commerce).

Rendre public le résultat de ces scrutins, et brûler les bulletins non litigieux, en présence des électeurs.

Rédiger le procès-verbal de l'élection, et en adresser deux expéditions au préfet du département.

ÉLECTIONS AU CONSEIL DES PRUD'HOMMES.

PREMIÈRE ASSEMBLÉE.

Bureau composé du juge de paix pour les ouvriers, et de son suppléant pour les patrons (art. 4, décret du 27 mai 1848).

Scrutateurs, les deux plus âgés et les deux plus jeunes des électeurs présents sachant lire et écrire.

Secrétaire désigné par le bureau composé comme ci-dessus.

Appel des électeurs et réappel de ceux qui n'ont pas voté.

Vote au scrutin de liste et à la majorité relative (article 4, § 1, décret du 27 mai 1848).

Désigner un nombre de candidats ouvriers ou patrons triple de celui des membres à nommer (*ibid.*).

Transmettre la liste des candidats ainsi nommés, aux maires de la circonscription du conseil des prud'hommes, pour qu'ils la fassent publier et afficher (art. 5, *ibid.*).

DEUXIÈME ASSEMBLÉE, HUIT JOURS APRÈS

(art. 6, décret du 27 mai 1848).

Même composition du bureau.

Appel des électeurs et réappel de ceux qui n'ont pas voté.

Élection, à la majorité absolue, sur les listes de candidature arrêtées à la précédente réunion, d'un prud'homme ouvrier par les patrons, par trois candidats, et d'un prud'homme patron par les ouvriers, aussi par trois candidats (art. 6, décret du 27 mai 1848).

Dresser procès-verbal des opérations, et si elles n'ont donné lieu à aucune protestation, proclamer prud'hommes ceux qui auront obtenu le plus de suffrages. En cas d'égalité de suffrages, le plus âgé doit être préféré (art. 7, *ibid.*).

En cas de protestation, transmettre le procès-verbal, avec les pièces à l'appui, au préfet (art. 8, *ibid.*).

ÉLECTIONS A LA CHAMBRE DE COMMERCE.

Bureau composé du préfet, sous-préfet, ou de leurs délégués, assistés de quatre électeurs, les deux plus âgés et les deux plus jeunes des membres présents, et d'un secrétaire choisi par eux dans l'assemblée (art. 2, décret du 30 août 1852).

Appel des électeurs et réappel de ceux qui n'ont pas voté.

Election au scrutin secret de liste et à la majorité absolue des voix; au second tour, la majorité relative suffit (art. 5, *ibid.*).

Faire le recensement des votes de la section et l'adresser à la section du chef-lieu.

Au chef-lieu, faire le recensement général des votes.

ÉLECTIONS AUX CHAMBRES CONSULTATIVES DES ARTS ET MANUFACTURES.

Bureau composé du préfet, sous-préfet, ou leurs délégués, assistés de quatre électeurs, qui sont les deux plus âgés et les deux plus jeunes des membres présents. — Secrétaire pris dans l'assemblée et nommé par le bureau (art. 2, décret du 30 août 1852).

Appel des électeurs et réappel de ceux qui n'ont pas voté.

Le nombre des membres à élire par chaque chambre est de douze (art. 7, arrêté du 19 juin 1848).

Élection, au scrutin secret et par listes, à la majorité absolue des suffrages. Au second tour, la majorité relative suffit (art. 5, décret du 30 août 1852).

Si l'assemblée est divisée par sections, le recensement général des votes doit avoir lieu en présence de tous les présidents, secrétaires et scrutateurs.

TABLEAU IV.

PIÈCES A PRODUIRE POUR CONTRACTER MARIAGE.

Extrait légalisé de l'acte de naissance de chacun des futurs époux, à moins que les époux ou l'un d'eux ne soient domiciliés dans la commune de la célébration (art. 70, Code Napoléon). — A défaut, acte de notoriété dressé par le juge de paix (art. *idem*).

Certificat de libération du service militaire.

Si le futur époux est militaire ou marin, permission du ministre de la guerre ou de la marine, pour les officiers, et du conseil d'administration, pour les sous-officiers ou soldats (art. 1 et 2 et 1 et 3, décrets des 16 juin et 3 août 1808).

Acte du consentement des père, mère, ou autres ascendants, s'ils ne doivent pas être présents à la célébration (art. 148 et 150, Code Napoléon).

Extrait de l'acte de leur décès, s'ils sont morts.

Acte du consentement du tuteur *ad hoc*, s'il s'agit d'un enfant naturel, et que le tuteur ne soit pas présent (art. 159, *ibid.*).

Acte respectueux, s'il y a refus de consentement (art. 151, 152 et 153, Code civil).

Certificat de publication et de non-opposition, si les époux ou l'un d'eux ne sont pas domiciliés dans la commune de la célébration (art. 76 et 69, *ibid.*).

Désistement ou jugement de mainlevée, s'il y a eu opposition (art 68, *ibid.*).

Délibération approbative du conseil de famille, si le mineur de vingt-un ans n'a ni père ni mère, ni autres ascendants vivants, ou si ces ascendants sont dans l'impossibilité de manifester leur volonté (art. 160, Code Napoléon).

Certificat du notaire qui a reçu le contrat de mariage des futurs époux (art. 1394, § 3, *ibid.*).

Jugement déclaratif d'absence, ou jugement qui a ordonné l'enquête, ou bien acte de notoriété, si l'ascendant est absent (art. 155, *ibid.*).

Dispense d'âge, de parenté ou d'alliance (art. 145 et 164, *ibid.*).

S'il y a lieu, — Dispense de la deuxième publication (art. 169, *ibid.*).

CÉLÉBRATION D'UN MARIAGE.

Donner lecture aux futurs époux de leur acte de naissance respectif (art. 75, Code Napoléon).

Donner lecture :

1° Des actes de publication ou de la dispense de la deuxième publication (*ibid.*);

2° Des certificats de non-opposition (*ibid.*);

3° Du jugement qui a donné mainlevée de l'opposition, s'il y a eu opposition (*ibid.*);

4° De l'acte de consentement, si les père et mère, et, à leur défaut, les autres ascendants, ne sont pas tous présents (*ibid.*).

5° De l'acte de décès des père, mère ou autres ascendants défunts;

6° Des actes respectueux, s'il y en a eu (art. 75, Code Napoléon);

7° Du consentement du tuteur *ad hoc*, si c'est un enfant naturel qui se marie (art. 159, *ibid.*), et que ce tuteur ne soit pas présent;

8° De la délibération approbative du conseil de famille, si c'est un mineur qui n'ait ni père, ni mère, ni autres ascendants, ou dont les ascendants sont dans l'impossibilité de manifester leur volonté (art. 160, *ibid.*);

9° Du jugement déclaratif d'absence, ou du jugement qui a ordonné l'enquête, ou de l'acte de notoriété, si l'ascendant est absent (art. 155, *ibid.*).

Si le futur époux est militaire, donner lecture de la permission du ministre de la guerre, s'il est officier, ou du conseil d'administration de son corps s'il est sous-officier ou soldat (art. 1 et 2, décret du 16 juin 1808).

S'il est marin, — du ministre de la marine, s'il est officier, ou du conseil d'administration de son corps s'il est sous-officier ou soldat (art. 1 et 3, décret du 3 août 1808).

Donner lecture de la dispense d'âge, de parenté ou d'alliance, s'il y a lieu (art. 145 et 164, Code Napoléon).

De même s'il y a eu dispense de la deuxième publication (art. 169, *ibid.*).

Demander leur consentement aux ascendants présents (art. 76, *ibid.*).

Interpeller les futurs époux, ainsi que les personnes qui autorisent le mariage, si elles sont présentes, d'avoir à déclarer s'il a été fait un contrat de mariage, et, dans le cas de l'affirmative, la date de ce contrat, ainsi que les noms et lieu de résidence du notaire qui l'a reçu (art. 75 et 1394, § 3, *ibid.*).

Donner lecture aux futurs époux du chapitre VI du titre *du Mariage*, sur les droits et les devoirs respectifs des époux (art. 75, Code Napoléon).

Recevoir de chaque partie, l'une après l'autre, la déclaration qu'elles veulent se prendre pour mari et femme (*ibid.*).

Prononcer l'union des époux en ces mots :

« Au nom de la loi, vous êtes unis par le mariage (*ibid.*). »

Faire signer l'acte par les époux, les père, mère ou ascendants, et par les témoins, ou faire mention de la cause qui empêche de signer (art. 39, *ibid.*).

Signer l'acte (*ibid.*).

Faire parafer les procurations et les autres pièces par la personne qui les a produites (art. 44, *ibid.*).

XI° TABLEAU JUDICIAIRE.

TRIBUNAL MARITIME COMMERCIAL.

Faire déposer sur le bureau un exemplaire du décret du 24 mars 1852 (art. 30, § 1, dudit décret).

Dire ensuite à haute voix aux membres du tribunal, qui sont, comme le président, debout et découverts :

« Nous jurons devant Dieu de remplir nos fonctions au tribunal maritime commercial avec impartialité. »

Chaque membre doit répondre : « Je le jure (art. 30 §§ 2 et 3, *ibid.*). »

Faire donner lecture, par le rapporteur, de la plainte et des différentes pièces de la procédure, tant à charge qu'à décharge (art. 31, § 1, *ibid.*).

Faire introduire l'accusé devant le tribunal (art. idem, § 2).

Interprète.

(S'il y a lieu.) Nommer d'office un interprète, majeur de vingt-un ans, et lui faire prêter serment de traduire fidèlement les discours à transmettre entre ceux qui parlent des langages différents (art. 332, § 1, Code d'instruction criminelle).

De même pour le sourd-muet (art. 333, § 1, *ibid.*).—Serment de traduire fidèlement les discours entre personnes qui s'expriment par des moyens différents.

Sourd-muet sachant écrire.—Comme à l'article 333, § 4, *ibid.*, ainsi conçu :

Dans le cas où le sourd-muet saurait écrire, le greffier écrira les questions et observations qui lui seront faites ; elles seront remises à l'accusé ou au témoin qui donneront

par écrit leurs réponses ou déclarations. Il sera fait lecture du tout par le greffier.

Faire retirer de l'audience et reconduire en prison tout
prévenu qui, par clameurs ou par tout autre moyen propre à causer du tumulte, mettrait obstacle au libre cours
de la justice (art. 10, loi du 9 septembre 1835).

Statuer sur les récusations, sur les exceptions déclina-
toires (incompétence), dilatoires (remise de l'affaire) ou
péremptoires (prescription) et sur toutes questions pré-
judicielles, en général.

Faire connaître à l'accusé, après constatation de son
identité, le délit pour lequel il est traduit devant le tribunal (art. 32, § 1, décret du 24 mars 1852).

Avertir l'accusé, ainsi que son défenseur, qu'il lui est
permis de dire tout ce qu'il jugera utile à sa défense, sans
s'écarter toutefois des bornes de la décence et de la mo-
dération, ou du respect dû au principe d'autorité (art. idem,
§ 2).

Interroger l'accusé et recevoir les dépositions des témoins (art. 34, § 1, *ibid.*).

Statuer sur les reproches (art. *idem*, § 2).

Ne peuvent être reçues les dépositions des ascendants
et descendants, des frères ou sœurs ou des alliés au même
degré, du conjoint de l'accusé ou de l'un des accusés du
même fait (*ibid.*).

Ne peuvent déposer en justice que pour y donner des
renseignements, sans prêter serment, les individus condamnés aux travaux forcés à perpétuité, à la déportation,
aux travaux forcés à temps, à la détention, à la reclusion,
au bannissement, à la dégradation civique (art. 18, 28 et
34 du Code pénal), ou à qui les tribunaux auraient in-

terdit l'exercice du droit de témoignage en justice, par application de l'article 42 dudit Code.

Témoin mineur de 15 ans. Entendre, par forme de déclaration et sans prestation de serment, les enfants au-dessous de l'âge de quinze ans (art. 79, Code d'instruction criminelle).

Question des membres du tribunal à l'accusé comme aux témoins, après en avoir fait la demande au président (art. 34, § 3, décret du 24 mars 1852).

Taxe des témoins et interprète.

Témoin majeur du sexe masculin, s'il n'est domicilié à plus d'un myriamètre du lieu où il est entendu,

Dans les villes de 40,000 âmes et au-dessus, 1 fr. 50 c., — dans les autres villes et communes, 1 fr. (art. 27, 25 et 2, § 1, 1er et 2e tarifs criminels).

Celui domicilié à plus d'un myriamètre, 1 fr. par myriamètre parcouru et autant pour le retour (art. 2, § 2, 2e tarif criminel).

Celui domicilié hors de l'arrondissement, 1 fr. 50 c. (art. idem, § 3).

Indemnité de séjour. — Témoins, par jour, dans les villes de 40,000 habitants et au-dessus, 2 fr.; dans les autres villes et communes, 1 fr. 50 c. (art. 96, 1er tarif criminel).

Taxe. Interprètes, par jour, dans les villes de 40,000 habitants et au-dessus, 2 fr. 50 c.; — dans les autres villes et communes, 2 fr. (*ibid*).

Témoin du sexe féminin et enfants au-dessous de l'âge de quinze ans, — Dans les villes de 40,000 âmes et au-dessus, 1 fr. — Dans les autres villes et communes, 75 c. (art. 28, *ibid.*).

Taxe de voyage et de séjour, double pour les enfants au-dessous de quinze ans et pour les filles au-dessous de vingt-un ans, lorsqu'ils sont accompagnés par leurs père, mère, tuteur ou curateur (art. 97, *ibid*).

Séjour de force majeure, en se rendant. — Témoin, 1 fr. 50 c par jour. — Interprète, 2 fr. (art. 95, *ibid.*).

Entendre la défense de l'accusé, soit par lui-même, soit

par l'organe de son défenseur (art. 34, § 4, décret du 24 mars 1852).

Demander à l'accusé s'il n'a rien à ajouter dans l'intérêt de sa défense, et résumer les faits, sans que le président exprime son opinion personnelle (art. idem, § 5).

Déclarer les débats clos et faire retirer l'accusé, ainsi que l'auditoire, pour délibérer (art. 35, § 1, *ibid.*).

Recueillir les opinions dans l'ordre inverse des préséances, le président opinant le dernier (art. *idem*, § 2).

Les questions sont résolues à la majorité des voix (art. 36, § 1, *ibid.*).

En cas de conviction de plusieurs délits ou fautes, la peine la plus forte sera seule prononcée (art. 365, § 2, Code d'instruction criminelle).

Faire ouvrir les portes du tribunal et prononcer le jugement.

Si le tribunal reconnaît que le fait est de la compétence des tribunaux ordinaires, déclarer l'incompétence (art. 38, § 1, décret du 24 mars 1852).

Jugement d'incompétence.

Attendu, etc. (Insérer ici les motifs).

Le tribunal se déclare incompétent,

Ordonne qu'à la diligence du rapporteur, N..., le mandat d'arrêt (ou de dépôt) tenant, ensemble toutes les pièces de la procédure et copie du présent jugement, seront renvoyés devant qui de droit, pour être statué ce qu'il appartiendra.

Incompétence.

Jugement d'acquittement.

Attendu qu'il n'est pas résulté de l'instruction et des débats la preuve

Acquittement.

du fait (ou des faits) à raison duquel (ou desquels) N. . est pour-
suivi,
Le tribunal acquitte N... de l'accusation dirigée contre lui ;
En conséquence, ordonne qu'il sera mis en liberté, s'il n'est retenu
pour autre cause.

Jugement d'absolution.

Absolution.

Attendu que l fait dont N... est déclaré convaincu ne constitue
ni faute de discipline ni délit maritime,
Le tribunal absout N... de l'accusation dirigée contre lui,
Ordonne qu'il sera mis immédiatement en liberté, s'il n'est retenu
pour autre cause.

Jugement qui prononce une peine disciplinaire.

Faute disciplinaire.

Attendu que, de l'instruction et des débats, il n'est pas résulté contre
N... la preuve du délit maritime qui fait l'objet de la plainte,
Le tribunal acquitte N... du délit qui lui est imputé ;
Mais, attendu que le fait établi par l'instruction et les débats con-
stitue la faute de discipline prévue par l'article 58 et punie par l'ar-
ticle 52 du décret du 24 mars 1852, ainsi conçus (Lecture) :
Le tribunal condamne N... à la peine de...

Jugement contradictoire de condamnation pour délit.

Jugement contradic-
toire de condam-
nation.

Attendu qu'il résulte de l'instruction et des débats que N..., dans
la journée du... a (spécification), ce qui constitue le délit maritime
prévu par l'article 60 (ou 61 à 86) et puni par l'article 53 (ou 61 à 86)
du décret du 24 mars 1852, ainsi conçus (Lecture) :
Le tribunal condamne N.... à la peine de...

Jugement de condamnation par défaut.

Jugement par défaut.

Ut au précédent, jusqu'à :
Le tribunal condamne par défaut N... à la peine de...

Faire rédiger le jugement en trois expéditions, dont une servant de minute, par le greffier, et signer par le président et par les membres du tribunal (art. 39, § 1, décret du 24 mars 1852).

TABLE.

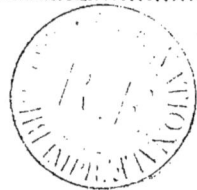

Paris, imprimerie de Paul Dupont, rue de Grenelle-St-Honoré, 45.

PUBLICATIONS DU MÊME AUTEUR.

De la nécessité d'organiser en France l'enseignement du droit public. Lyon, L. Boitel, 1841, brochure in-8°;

2° Exposition des principes de rhétorique contenus dans le Gorgias de Platon et dans les Dialogues sur l'Éloquence de Fénelon. Lyon, Isidore Deleuze, 1841, brochure in-8°;

3° Exposition critique des principes de l'école sociétaire de Fourier. Lyon, Isidore Deleuze, 1841, brochure in-8°;

4° Exposition des idées de Platon et d'Aristote sur la nature et l'origine du langage. Strasbourg, G. Silbermann, 1842, brochure in-8°;

5° Des avantages du concours appliqué au recrutement du personnel administratif et judiciaire. Paris, Gustave Thorel, libraire, place du Panthéon, 1846, brochure in-8°.

PARIS, IMPRIMERIE DE PAUL DUPONT.

www.ingramcontent.com/pod-product-compliance
Lightning Source LLC
Chambersburg PA
CBHW060500210326
41520CB00015B/4037